El cuento de Oso Cariñoso y la tarjeta del Día de San Valentín

· Por ·

TC LiFonti

Charles "Peanut" Tillman

· Ilustrado por ·

Gabrielle Esposito

Charles Tillman
CORNERSTONE
33
FOUNDATION
www.charlestillman.org

Todos los libros de la serie benefician la Fundación Charles Tillman Cornerstone.

ISBN-13: 978-0692439791
ISBN-10: 069243979X

Gracias a Karen Hahn por la creación artística de Oso Snowy, a Paul Faris como director de arte y a Amelia Burford, editora.

Traducción al español de Jennifer Buck-Castañeda.

Era la noche antes del Día de San Valentín,
y Oso Cariñoso estaba sentado a su
escritorio escribiendo tarjetas.

"Querida Osa Patty… Querida Osa Mary…
Querida Osa Margie…"

Pero cuando empezó a escribir la tarjeta para Osa Tiana, paró. Le gustaba Tiana mucho y quería que su tarjeta para el Día de San Valentín fuera especial.

Le escribió una tarjeta,
pero no le gustó.
Entonces le hizo otra...

...y otra,
...y otra.

Escribió y escribió
hasta que le pareció
perfecta la tarjeta.

Y cuando oyó a Mamá Osa decir, "Es hora de acostarte, mi amor", puso la tarjeta en su mochila y esperaba que a Tiana le fuera a gustar.

Cuando Mamá Osa entró en el cuarto de
Oso Cariñoso para decirle buenas noches,
vio que él no estaba en la cama.
"Oso Cariñoso, amor, ¿qué pasa?"

The BAT!
TOYS

Oso Cariñoso alzó la cabeza y dijo,
"Me gusta mucho Osa Tiana y por eso le hice una tarjeta especial.
Pero, ¿qué pasa si no le gusta?
¿Qué pasa si no quiere ser mi novia?"

"Oh, Oso Cariñoso", dijo Mamá Osa.
"No temas decirle a alguien cómo te sientes.
Tal vez a ella le gustes tú".

La próxima mañana cuando Oso Cariñoso se despertó, vio que era un día soleado.

Se puso su suéter favorito, agarró su mochila...

...y se fue para la escuela dándole duro a los pedales de su bicicleta.

Todo el día, Oso Cariñoso se quedó mirando el reloj. Estaba nerviosísimo pensando en la tarjeta de San Valentín para Osa Tiana y no podía concentrarse en nada.

ART CORNER
Talya
Tysen
Alex
Abbey
Grace
Julia
JESSA
BROoKe
Tiana
LOVIE
mary

Cuando finalmente llegó la hora de darles las tarjetas a sus compañeros, Oso Cariñoso empezó a caminar por el salón de clases

.

Le dio una tarjeta a
Osa Phyllis...

...puso otra en la
caja de Osa Lucy...

...y le dio otra a
Osa Rosa.

Pero cuando llegó al pupitre de Osa Tiana,
se quedó paralizado.

Oso Cariñoso estaba tan nervioso que no sabía qué hacer. En vez de darle a Osa Tiana la tarjeta para el Día de San Valentín que le había hecho, inclinó la cabeza y metió la tarjeta de Tiana en su bolsillo.

Cuando Oso Cariñoso estaba caminando a su pupitre, Osa Tiana se acercó a él.

"¿Oso Cariñoso?" preguntó Osa Tiana. "¿Te gustaría caminar a casa conmigo después de la escuela?"

Pero Oso Cariñoso no le respondió.
Tenía vergüenza que no le había dado la
tarjeta especial que le había hecho.
Dio la vuelta y se marchó.

Cuando regresó a su pupitre, miró las tarjetas que le habían dado. La última que vio fue una tarjeta de Osa Tiana...

...pero tenía miedo de abrirla.

Cuando el día escolar terminó,
Oso Cariñoso caminó a su bicicleta solo.
No quería estar con nadie...

...sólo podía pensar en que no le había dado
a Osa Tiana su tarjeta especial.

Estaba a punto de salir cuando vio que le pasaba algo a Osa Tiana.

"¿Osa Tiana?" preguntó Oso Cariñoso.
"¿Está bien todo?"

"¿Por qué no me diste una tarjeta para el
Día de San Valentín? ¿No te gusto?
Lo único que quería era una tarjeta de ti".

“Lo siento”, dijo Oso Cariñoso.
“Temía que no te gustara la tarjeta que te hice.
O que tal vez no te gustara yo”.

Lentamente, Oso Cariñoso metió la mano en su bolsillo y sacó la tarjeta para Osa Tiana.

"¿Osa Tiana, quieres ser mi novia?"

Sonriendo, Osa Tiana agarró la tarjeta y la leyó.

"Sí, Oso Cariñoso, ¡yo quiero ser tu novia!
¡Muchas gracias!"

Y cuando llegaron a donde estaban sus bicicletas,
Oso Cariñoso le preguntó,
"Tiana, ¿puedo acompañarte a tu casa?"

El fin.

SONYA MARTIN PHOTOGRAPHY

La misión del Charles Tillman Cornerstone Foundation es proveer oportunidades y recursos a los niños y familias necesitados.

. . .

Un tanto por ciento de las ventas de los libros beneficiará directamente a la fundación y sus esfuerzos continuos para ayudar a los necesitados.

Charles Tillman

CORNERSTONE

33

FOUNDATION

www.charlestillman.org

Charles Locker · Este programa enriquece las vidas de los niños con enfermedades graves dándoles a ellos y a sus familias acceso a iPads, las computadoras portátiles, los lectores de DVDs, los sistemas para videojuegos y otros juegos electrónicos durante su recuperación.

Field of Dreams · Este programa provee memorias mágicas a los niños enfermos y sus familias cumpliendo sus sueños relacionados con los deportes. Durante todo el año, ofrecemos oportunidades únicas incluso boletos a los partidos de los Bears.

Holiday Celebration · En diciembre, Charles, su esposa, Jackie, y unos de los duendes de Santa Claus visitan los hospitales en Chicago para repartir regalos, visitar a las familias y participar en las actividades de los hospitales, como bingo, para compartir el espíritu de los días festivos.

TendHER Heart Luncheon · Cada primavera invitan a más de 150 madres de niños enfermos a una comida especial, honrando a ellas por sus sacrificios cuidando a sus niños enfermos. Esta comida les provee a las mujeres la oportunidad de recibir el apoyo de otros y estar en compañía de otras madres con niños enfermos.

Tiana Fund · El Tiana Fund es un programa que da ayuda a personas o familias necesitadas para que puedan cuidarse y para mejorar su calidad de vida y su habilidad de contribuir a la comunidad. Las aplicaciones para el programa se encuentran en algunos hospitales en Chicago o en ciertas organizaciones comunitarias.

Made in the USA
Monee, IL
11 September 2026

62770624R00029